Coleção Escritos históricos educacionais

[2]

Krupskaya: acepções históricas e a práxis política de uma educadora revolucionária (1869-1939)

Cacau Pereira
Isabella Delcorso
Carlos Bauer

Amazon & Independently published
São Paulo, 2021

F363 Carlos Bauer

Krupskaya: acepções históricas e a práxis política de uma educadora revolucionária (1869-1939). São Paulo: Amazon & Independently published, 2021. 149 p.

Capa: Cássio Diniz & Carlos Bauer

(Coleção Escritos históricos educacionais, volume nº 23)

ISBN: 979-85-345-4935-5 – Editor: Carlos Bauer

1. Educação socialista. 2. História da educação. 3. Krupskaya. 4. Politecnia. 5. Revolução russa
I. Título

CDD: 370

CDU: 37

Ficha catalográfica elaborada pelos editores

ÍNDICE

Krupskaya: acepções históricas e a práxis
política de uma educadora revolucionária
(1869-1939)

Krupskaya: acepções históricas e a práxis política de uma educadora revolucionária (1869-1939), por Cacau Pereira, Isabella Delcorso & Carlos Bauer

Para Delma Elaine Manzano Delcorso e Valdelice dos Santos Pereira, mulheres que sempre nos inspiraram e valorizaram o trabalho como um princípio educativo, nos apoiaram nas transformações mais radicais e profundas que podemos fazer na cotidianidade da vida social....

Krupskaya: acepções históricas e a práxis política de uma educadora revolucionária (1869-1939), por Cacau Pereira, Isabella Delcorso & Carlos Bauer

Introdução

Este opúsculo se debruça sobre a história, a contribuição social e política da educadora russa Nadezhda Konstantinovna Krupskaya (1869-1939), procurando contextualizar sua práxis revolucionária e o seu legado na construção da proposta de uma pedagogia socialista.

Os esforços de **Krupskaya** se desenvolveram em torno do conceito de omnilateralidade sendo de grande e insubstituível importância para a reflexão sobre a problemática educacional a partir da obra de Karl Marx.

Ela esteve presente na linha de frente da revolução russa, num momento da história da educação em que se almeja uma formação humana oposta à formação unilateral provocada pelo trabalho alienado, pela divisão social do trabalho, pela reificação, pelas relações burguesas hostis à plena humanização e a formação integral das pessoas.

Entre 1917 e 1933, após a tomada do poder pelos bolcheviques na Rússia, Krupskaya ocupa cargos no Ministério da Educação (*Narkompros*) e na Seção Pedagógica da Comissão Científica Estatal.

Em linhas gerais, suas concepções pedagógicas e propostas educacionais se baseiam numa crítica ideológica ferrenha ao papel da escola como instrumento de educação de massas pelas classes dominantes, capitalistas, e o papel da educação numa futura sociedade sem classes e comprometida com a emancipação humana.

Nos parece importante frisar os enormes desafios e as dificuldades que foram colocados na transição da escola de ensino burguesa para uma escola do trabalho, socialista de a disseminação das concepção centrada na politcnia e na omnilateralidade na cotidianidade das relações de ensino e do trabalho pedagógico desta educadora revolucionária que viveu intensamente um momento da história em que o mundo inteiro foi abalado e virado de ponta cabeça!

Não é à toa que as formulações teóricas, metodológicas e educacionais de Krupskaya inspiram experiências de movimentos sociais de trabalhadores no mundo todo, como o Movimento dos Trabalhadores Rurais Sem Terra (MST) no Brasil.

Com essas linhas procuramos trazer uma contribuição na compreensão da importância da presença histórica e social desta educadora, localizando-a como pioneira nos avanços e nos limites das iniciativas pedagógicas revolucionárias russas, que superou séculos de opressão, erradicou o analfabetismo e possibilitou o mais amplo acesso da população à educação.

Krupskaya: acepções históricas e a práxis política de uma educadora revolucionária (1869-1939), por Cacau Pereira, Isabella Delcorso & Carlos Bauer

Breve esboço biográfico

Nadezhda Konstantinovna Krupskaya nasceu em São Petersburgo no dia 26 de fevereiro de 1869. Sua mãe era professora. Seu pai, militar e, embora descendente de família nobre, empobrecera. Sua infância foi marcada por grandes dificuldades materiais e financeiras.

O pai morreu jovem e, com essa perda, aumentaram as agruras da família. Com apenas quatorze anos, Krupskaya já iniciava seus trabalhos como professora particular no período da noite.

Uma primeira relação com as ideias socialistas e revolucionárias faz com que Krupskaya também passe a se dedicar à formação de operários, trabalhando voluntariamente numa escola destinada à formação política desses trabalhadores, na qual se dava ênfase ao estudo das obras de Karl Marx.

O contato com a obra marxiana leva a jovem professora a assumir um compromisso com a luta pela transformação socialista, atuando, em particular, na formação de círculos operários como o citado.

Em 1893, conhece Vladimir Ilitch Ulianov, Lenin, e passam a trabalhar juntos na formação de um futuro partido operário e revolucionário na Rússia.

Esse trabalho alcança resultados importantes em pouco tempo.

Em 1895 Lenin é preso pela polícia czarista. Durante a sua prisão, cabe à Krupskaya o principal papel dirigente do grupo político.

Em 1896 foi a vez de Krupskaya ser presa, ficando detida por mais de 6 (seis) meses, vindo a ser solta junto com todas as demais mulheres envolvidas em causas políticas, após o suicídio de uma estudante, o que gerou preocupação das forças repressivas do governo.

Foi deportada e condenada a ficar por três anos, primeiro na Província de Ufá e, logo depois, na Sibéria, onde se encontrava Lenin. Para conseguir a transferência, alegou ser noiva de Lenin.

Ao chegar à Sibéria, os dois se casaram. No exílio, seguiu com sua produção intelectual e na organização e incorporação de mulheres operárias ao movimento revolucionário.

Editou o livreto "A Mulher Operária", com o pseudônimo de Sáblina.

A expatriação de Lenin termina antes do exílio de Krupskaya. Mais uma vez se separam e Krupskaya retorna a Ufá, se reencontrando em 1901, na Alemanha, de onde Lenin dirigia os trabalhos políticos de sua organização e publicava o jornal "Iskra" (A Centelha).

Krupskaya se soma às tarefas e cuida da logística de distribuição do jornal.

O retorno à Rússia ocorre em 1905, separada de Lenin, por questões de segurança.

Há uma disputa aguda no movimento revolucionário entre as frações bolcheviques e mencheviques do Partido Operário Social Democrata Russo.

Em São Petersburgo, Krupskaya retoma as atividades de organização, em bairros populares, e reencontra velhos alunos, já engajados na luta revolucionária sendo, a maioria deles, militantes bolcheviques.

O recrudescimento da situação política após a revolução de 1905 obriga Lenin a se deslocar para a Finlândia. Cabe à Krupskaya fazer as relações entre o Comitê Central bolchevique e a direção exilada.

Em 1907 Krupskaya desloca-se para a Suíça, onde reencontra Lenin.

Em 1912, muda-se para a Cracóvia (Polônia) e desenvolve um trabalho político ligando os operários da região ao trabalho realizado na Rússia.

Em 1913 publica o panfleto "Ao Congresso dos Professores Públicos" no qual apresenta as linhas gerais dos bolcheviques para a construção de uma escola democrática, laica e gratuita.

Em 1915 publica o livreto "A instrução popular e a democracia", no qual desenvolve a concepção da transformação da escola do ensino em escola do trabalho.

De volta à Rússia, retoma o trabalho político e de instrução pública de operários em Viborg, ligando-se politicamente e afetivamente à região.

Às vésperas do levante que leva os bolcheviques ao poder, Krupskaya tem importante atuação militante, com destaque nas tarefas de organização e formação da militância política revolucionária.

No artigo "Materiais para a revisão do programa do partido" (1917) expõe suas divergências com o programa bolchevique para a educação, em meio às tensões que marcam o período entre as revoluções de fevereiro e outubro de 1917.

Após a vitória bolchevique e a tomada do poder pelos sovietes, Krupskaya ocupa cargos importantes no Ministério da

Educação (*Narkompros*) e na Seção Pedagógica da Comissão Científica Estatal.

Funda ainda a Revista "A caminho de uma nova escola" (*Na Putiakh k Novoi Shkole*) e organiza o sistema de bibliotecas do país.

Já ao final da década de 1920, o fechamento do regime político levou a vários dos principais aliados de Krupskaya na elaboração da política educacional e na construção da pedagogia socialista, dentre eles Pistrack e Pankevich, fossem assassinados pela polícia política soviética. Lunacharsky (o primeiro a ser nomeado Ministro da Educação do governo revolucionário) afasta-se das atividades relacionadas à educação e, fora do país, cumpre tarefas de representação diplomática.

Krupskaya viria ainda a assumir a redação de artigos que foram utilizados como instrumentos de propaganda e exaltação das conquistas soviéticas para as novas gerações, textos supostamente baseados na herança política de Marx e Lenin, mas que expressavam a defesa da doutrina do socialismo num só país e o abandono da perspectiva da revolução internacional.

Krupskaya viria a encampar a defesa do movimento estackanovista (movimento de estímulo à produtividade, cujo aumento seria resultado da vontade individual do operário).

Tudo isso ocorre já em meio aos processos de Moscou (1936-1938) que resultaram na condenação e morte do restante da velha guarda dos dirigentes bolcheviques.

Faleceu em 27 de fevereiro de 1939, na cidade de Moscou, um dia depois de completar setenta anos.

Krupskaya: acepções históricas e a práxis política de uma educadora revolucionária (1869-1939), por Cacau Pereira, Isabella Delcorso & Carlos Bauer

As contribuições de Krupskaya no campo educacional

Krupskaya: acepções históricas e a práxis política de uma educadora revolucionária (1869-1939), por Cacau Pereira, Isabella Delcorso & Carlos Bauer

Embora bastante ampla seja a sua obra, para além de algumas publicações esparsas, apenas recentemente tivemos a publicação de parte dos escritos de Krupskaya, em português, organizados no livro "A Construção da Pedagogia Socialista" e publicado, em 2017, pela editora Expressão Popular.

O esforço político dos editores nos brinda com textos selecionados inéditos em português, traduzidos dos originais russos arquivados na Academia de Ciências Pedagógicas daquele país.

Destacam-se os textos produzidos durante a consolidação da revolução, que discutem, fundamentalmente, a temática da educação como parte da edificação de uma nova ordem social.

O material abrange a produção intelectual da autora entre 1899 e 1938. Krupskaya teve ainda papel fundamental no desenvolvimento da biblioteconomia, criando milhares de bibliotecas, realizando campanhas de incentivo à leitura e acesso às publicações, antes um privilégio das elites, tudo como parte do esforço pela alfabetização.

Foi a responsável pela organização dos sistemas de informação científica na União Soviética. Um ano após a vitória da revolução bolchevique foram nacionalizadas todas as bibliotecas do país (tanto as privadas quanto as públicas).

Como parte desse esforço para alargar o acesso da população aos bens culturais (incluídas as bibliotecas e os livros)

Krupskaya incentivou a prática da leitura em ambientes variados e inusitados, como as fábricas, cooperativas agrícolas, guarnições militares, dentre outras.

Cada destacamento do Exército Vermelho tinha sua própria biblioteca, obsessão compartilhada por Leon Trotsky, o dirigente bolchevique responsável pela direção do exército revolucionário.

A facilitação do acesso e a popularização da frequência às bibliotecas

foram marcas da gestão de Krupskaya no Comissariado da Educação.

Sua obra não se limita aos temas relacionados à educação, mas foi, sem dúvida, nessa área, que a autora deixou seu maior legado teórico.

A URSS como laboratório da pedagogia socialista

Krupskaya: acepções históricas e a práxis política de uma educadora revolucionária (1869-1939), por Cacau Pereira, Isabella Delcorso & Carlos Bauer

Ainda antes das jornadas revolucionárias de Outubro de 1917 e da edificação da União das Repúblicas Socialistas Soviéticas (URSS), o centro das preocupações de Krupskaya está na abordagem que dá ao papel da educação numa futura sociedade sem classes, fundada na crítica ideológica ao papel da escola como instrumento de educação de massas, pelas classes dominantes, no capitalismo.

Dentro desse tema geral, a transição da escola de ensino burguesa para uma escola de trabalho, socialista, e a concepção politecnicista da educação são os dois eixos ordenadores fundamentais de sua elaboração pedagógica e dos órgãos estatais responsáveis pela educação no período imediato à tomada do poder pelos revolucionários russos até 1931, quando a experiência é abandonada e o ensino tradicional é retomado.

A escola atrairá para si novas forças e se tornará, por sua

> vez, 'uma ferramenta de transformação da sociedade moderna'. (KRUPSKAYA, 2017, p. 41)

Krupskaya estudou, principalmente durante o exílio, as fontes originais de autores como Marx e Engels, além das obras pedagógicas de Rousseau, Pestalozzi, R. Own, Fellenberg, Dewey, Kerchensteiner, Ferster, dentre outros.

Todos esses autores influenciaram bastante na elaboração de seu pensamento e teorias pedagógicas.

A autora se interessava, especialmente, pelos sistemas de ensino mais avançados naquele momento e acompanhava a evolução do pensamento em torno da Escola Nova nos países europeus, como a Inglaterra, França e Alemanha e as inovações introduzidas no sistema educacional norte-americano.

Tinha especial interesse com a educação nas primeiras faixas etárias e a importância dos jardins de infância.

O tema é abordado no artigo "Sobre a questão da escola socialista" (1918), no qual analisa e compara as experiências educacionais da Inglaterra e EUA, na perspectiva da construção da escola numa sociedade sem classes.

Krupskaya criticava a divisão escolar classista nesses países, em que o sistema de ensino se destinava a formar, dentre os filhos das classes dominantes, os futuros governantes e os capitães da indústria.

Aos filhos das classes intermediárias, da pequena-burguesia, caberia formá-los nas artes da gerência e da gestão privada dos negócios financeiros, bem como na formação de uma burocracia estatal servil às classes dominadoras.

Já os filhos da classe trabalhadora estariam relegados a uma educação que trazia como valores fundamentais o dever da obediência e a moral burguesa baseada na competição com os seus iguais.

Daí a expressão *ossos brancos, ossos pretos*, bastante presente em diversos artigos da autora, expressão que, em russo, equivaleria aos nobres (ossos brancos) e plebeus (ossos pretos), mas que também designava a divisão da sociedade entre os que executam o trabalho intelectual (ossos brancos) e o trabalho físico (ossos pretos) e, ainda, a escola média (para os ossos brancos) e a escola profissional (para os ossos pretos).

Dentre as elaborações da autora, nesse período, podemos citar "As tarefas da escola de primeiro grau" (1922) na qual desenvolve os conceitos da escola do trabalho adequados ao ensino nos primeiros anos.

Em "Auto-organização escolar e organização do trabalho" (1923) descreve como os problemas de organização afetam o desenvolvimento da educação, enquanto no artigo "Sobre os complexos" (1925) dialoga com as dificuldades e fetiches criados a partir dessa construção pedagógica, uma das bases fundamentais da organização escolar soviética naquele período.

O amparo conceitual e político da escola como fomentadora do ativismo social é a temática do artigo "Sobre a questão do trabalho socialmente necessário na escola" (1926) e a defesa da educação politécnica está presente, mais especificamente, no artigo *"Sobre o politecnicismo"* (1929).

Vale ressaltar que toda a educação proposta pela referida era uma educação partidária.

A escola teria a função de ensinar aos jovens quais eram os objetivos do partido comunista, inserindo-os nas questões políticas, motivando o seu protagonismo estudantil, ajudando "os jovens a tornar-se comunistas reais". (KRUPSKAYA, 2017, p. 237)

Krupskaya: acepções históricas e a práxis política de uma educadora revolucionária (1869-1939), por Cacau Pereira, Isabella Delcorso & Carlos Bauer

Krupskaya: acepções históricas e a práxis política de uma
educadora revolucionária (1869-1939), por Cacau Pereira,
Isabella Delcorso & Carlos Bauer

A implantação da escola do trabalho

Krupskaya: acepções históricas e a práxis política de uma educadora revolucionária (1869-1939), por Cacau Pereira, Isabella Delcorso & Carlos Bauer

A União Soviética estaria imersa numa guerra civil (1918-1920) nem bem tivesse saído do cerco que enfrentara na primeira guerra mundial (1914-1918).

Assolada por uma gravíssima crise de escassez de produtos essenciais e pela fome de grande parte da população, é notável que, em meio ao esforço de guerra, a luta contra o analfabetismo e a ignorância tenha tido a centralidade que lhe foi dada pelo governo revolucionário.

> O desenvolvimento econômico requer insistentemente a transformação da escola de ensino em escola do trabalho, mas essa conversão não é viável sem uma reestruturação de toda organização da atividade da educação pública. (KRUPSKAYA, 2017, p. 38)

Com essas palavras, em epigrafe, imbuídas de consciência histórica e política, Krupskaya sinalizava que os desafios da nascente república socialista não eram pequenos.

Mais do que isso, cobrava um alto preço a herança da economia essencialmente feudal vigente até praticamente o último quarto do século XIX, o atraso econômico e cultural.

No campo da educação, a primeira Declaração adotada pelo Comissário do Povo (ministro) para a Educação, o ucraniano Anatoli Vasilevitch Lunacharsky, deu-se ainda nos primeiros dias da revolução (13 de novembro de 1917).

A Declaração estabelece como metas a alcançar, a educação em tempo integral para as crianças, no prazo o mais breve possível, e a erradicação do analfabetismo.

A oferta do ensino estaria baseada num sistema educacional público, estatal e gratuito; laico e único para todos os cidadãos; abolindo-se, por completo, o ensino privado e a divisão escolar imperante no país, por classes sociais.

A educação passa a ser tarefa de uma Comissão Estatal para a Educação Nacional até a instalação da Assembleia Nacional Constituinte.

São definidas as linhas gerais da educação nacional, sintetizadas nos seguintes eixos: luta contra o analfabetismo; universalização da alfabetização; formação de um exército de professores do povo; introdução do ensino universal e gratuito nas suas faixas iniciais; escola laica e única para todos os cidadãos; compromisso de não cortar o investimento em educação, apesar do esforço de guerra e um plano especial para a alfabetização dos adultos.

A Declaração buscava diferenciar e qualificar os termos Educação e Instrução, sendo este abordado como o ato de transmissão do conhecimento pronto e aquele compreendido como um processo criativo.

A política de valorização dos professores, em particular os da escola primária, estava implícita na decisão de atendimento imediato e a qualquer custo das suas reivindicações e o estabelecimento de um salário mínimo de 100 (cem) rublos.

No terreno da administração escolar a Declaração previa a e autonomia das organizações locais frente aos governos, tanto o central quanto as comunas municipais, a participação obrigatória dos representantes dos professores na tomada de decisões, estabelecendo ainda que nenhuma decisão poderia ser tomada ouvindo apenas os especialistas.

Os bolcheviques formulariam, com contribuição direta de Krupskaya, a concepção mais geral de gestão escolar, baseada na defesa de um sistema auto organizado em conselhos comunitários, que contariam com a participação dos educadores, pais e estudantes, um sistema radicalmente descentralizado com participação ampla da população e autonomia local, inclusive para a seleção pública e destituição dos professores pelas próprias comunidades.

Um sistema em que o conceito de "público" estaria mais ligado à comunidade e não às ordens emanadas diretamente pelo Estado, cujo papel seria o de estabelecer diretrizes e orientações gerais.

A consolidação das diretrizes constantes da primeira Declaração dar-se-ia ao final do primeiro ano de governo revolucionário, com a edição da "Declaração do Comitê Executivo Central de toda a Rússia" (16 de outubro de 1918) que estabelecia para todo o território a adoção da "Escola Única do Trabalho".

A Escola Única do Trabalho era o nome atribuído a todas as escolas, acrescido do termo "soviética", da indicação de numeração e localização geográfica da escola.

Era abolida a antiga divisão escolar e estabelecida nova divisão em dois graus de ensino, sendo o primeiro grau dos 8 (oito) aos 13 (treze) anos e o segundo grau dos 13 (treze) aos 17 (dezessete) anos.

O jardim de infância abrangia a formação dos 6 (seis) aos 8 (oito) anos.

O Conselho Escolar possuía autonomia para diminuir em um ano essa fase de escolarização, desde que ouvido o conselho provincial e possuía autonomia plena para manter o aluno além deste período.

Poderia estabelecer classes especiais ou atividades extracurriculares para as crianças fora das faixas de idade.

Estabelecia a Declaração o ensino totalmente gratuito e obrigatório e um plano nacional de educação envolvendo os investimentos com a materialidade dos estabelecimentos, alimentação, vestuário e material escolar.

A Declaração introduzia a educação com turmas mistas de meninos e meninas e proibia o ensino de qualquer credo religioso ou culto no interior das escolas.

A política de valorização do magistério previa a unificação das classes de todos os professores numa classe única, com nível inicial comum e o estabelecimento do salário mensal obrigatório e o fim do salário hora.

Todos os trabalhadores da escola seriam eleitos: professores, médicos e instrutores de ginástica e seriam estendidos os direitos trabalhistas aos trabalhadores eventuais.

A Declaração criava o cargo do instrutor escolar, para fazer a ligação entre o Conselho e a escola, limitava o número máximo de alunos a 25 (vinte e cinco) por cada trabalhador da educação na respectiva unidade de ensino.

A Escola Única do Trabalho teria como princípios o trabalho produtivo como parte da comuna escolar e da vida circundante ao estabelecimento de ensino; o fim do regime autoritário disciplinar e a participação das crianças em todos os aspectos da vida escolar; a proibição de punições e castigos e a introdução da educação politécnica, com destaque para a educação estética e física e a flexibilidade do currículo às diretrizes locais.

Os trabalhos escolares seriam divididos em três períodos: horário normal, colônias de férias e férias plenas.

A escola deveria permanecer aberta durante todos os dias da semana, sendo dois dias para atividades especiais (um dia de reuniões pedagógicas dos professores e assembleias estudantis e outro livre de atividades normais).

Os programas de trabalho estavam assim divididos: 4 (quatro) horas nos três anos iniciais do 1º grau, 5 (cinco) horas nos dois anos restantes do 1º grau e 6 (seis) horas no segundo grau.

Eram proibidos trabalhos fora dos horários letivos, portanto, proibidos trabalhos escolares em casa, assim como os exames de avalição que pudessem reprovar o aluno.

Iniciava-se ainda um processo que objetivava pôr fim às classes tradicionais e introduzia, gradativamente, a educação em grupos.

Como suporte escolar todas as escolas estavam obrigadas a oferecer uma refeição quente por turno e garantia de supervisão médica dos alunos.

A gestão democrática se aperfeiçoava, com a criação do conselho escolar, formado por estudantes e trabalhadores, e a definição da instância máxima de administração dos locais de estudo como sendo a assembleia escolar e, ainda, o direito irrestrito à formação de clubes e associações estudantis e de professores.

Krupskaya: acepções históricas e a práxis política de uma
educadora revolucionária (1869-1939), por Cacau Pereira,
Isabella Delcorso & Carlos Bauer

O valor do trabalho

Krupskaya: acepções históricas e a práxis política de uma educadora revolucionária (1869-1939), por Cacau Pereira, Isabella Delcorso & Carlos Bauer

A organização planificada da economia, como instrumento fundante da nova sociedade, teria na educação para o trabalho proposta por Krupskaya, uma das bases da sociedade socialista que estava por vir.

Em contraposição à escola tradicional de ensino, isolada da complexidade da vida em sociedade, divorciada da realidade social e do trabalho, a autora propugnava a construção de uma escola livre, em que o pleno desenvolvimento das crianças se daria pela integração ao trabalho produtivo, com a participação e vinculação das instituições proletárias como os sindicatos e as cooperativas, preparando e formando lutadores sociais.

Já a politecnia consistiria num sistema global cuja base é o ensino da técnica nas suas diferentes formas, impregnando todos os conteúdos e articulando as disciplinas escolares com as atividades práticas e o ensino do trabalho, possibilitando a estreita ligação do trabalho social produtivo com o ensino das crianças.

A escola politécnica se diferencia da escola profissional (ou profissionalizante) por ter a sua centralidade na compreensão generalista e interdisciplinar dos processos do trabalho, na fusão de teoria e prática, e não na formação especializada para determinada habilidade de trabalho, como ocorre na escola profissional ou monotécnica.

A pedagogia proposta pela escola do trabalho, em que pesem as peculiaridades do momento histórico, não defendia a introdução entre as crianças do trabalho regular precoce.

O trabalho infantil foi proibido na república soviética, sendo o trabalho assalariado permitido somente a partir dos 16 (dezesseis) anos.

Mais ainda, a autora defendia uma radical separação entre a escola média (que se pretendia politécnica) e a escola profissional, com um longo ciclo básico comum de aprendizado, antes da profissionalização.

A introdução do método de estudo pelo trabalho seria precedida de fases em que outros métodos de ensino seriam preponderantes, considerando as faixas de idade das crianças, a saber, as fases da assimilação, das lições, do estudo do concreto e das excursões, da experimentação e do laboratório, sendo, ao final, introduzido o método do trabalho, constituindo-se esse numa base multilateral do programa escolar.

A ideia de transversalidade presente na pedagogia proposta era, de fato, inovadora e revolucionária.

A proposta educacional mediada pelo trabalho, nos termos formulados, não seria apropriada por todos os educadores acriticamente.

No confronto com a realidade concreta eram enormes as pressões pelo produtivismo e pela formação profissional aligeirada das camadas mais jovens do proletariado.

Havia educadores que propunham uma radicalização no processo de inserção das camadas infantis e jovens no processo de trabalho.

Para a defesa dessa tese baseavam-se em estudos de Marx, nos quais o pensador alemão alentaria a introdução precoce das crianças no contato com o mundo fabril, tendo chegado a estabelecer a referência de

9 (nove) anos de idade para o início desse processo.

A realidade econômica e as tensões internas à organização bolchevique - que contrastavam com as perspectivas dessa *velha guarda*, da qual Lenin era expoente - não foram menores e obrigaram a uma série de revisões nos planos educacionais originais.

A idade mínima para o ingresso no ensino profissional foi reduzida de 17 (dezessete) para 15 (quinze) anos e também foi alterada a previsão inicial de 9 (nove) para 7 (sete) anos do ciclo básico obrigatório comum da educação, somente após o qual era introduzido o ensino profissional.

A adoção do comunismo de guerra e, logo depois, da Nova Política Econômica (NEP) impuseram diversos recuos e mudanças nas políticas inicialmente traçadas pelos bolcheviques.

A morte prematura de Lenin e a ascensão de Joseph Stalin dariam novos rumos à edificação da nova ordem estatal, com o deslocamento do centro de poder dos sovietes – conselhos de operários, soldados e camponeses – para as estruturas partidárias e a burocracia estatal, que ganhava cada vez mais força.

Novas mudanças nas diretrizes econômicas, como a coletivização forçada da produção agrícola no campo e o impulso da industrialização nas cidades, tiveram impacto direto nas políticas educacionais, com destaque para a introdução de métodos de competição pelo trabalho e o movimento pelo aumento da produtividade do trabalho como marcas do "novo" homem soviético sob o regime estalinista.

Essas foram as bases para a introdução da teoria do "socialismo num só pais", alucinação reacionária que preconizava a possibilidade da construção de uma economia e sociedade socialista somente em solo russo, em base ao desenvolvimento gradual das forças produtivas internas ao país, e sem a expansão da revolução para os países de economia capitalista mais avançada.

Crescer pelo exemplo passou a ser uma ideologia aplicada individual e coletivamente entre o povo, possibilitando o enriquecimento de certas camadas sociais, como os *nepman,* os novos homens de negócio surgidos com a NEP.

As mudanças nos postulados econômicos vão ser seguidas da implantação de um regime de terror, cujas marcas foram a perseguição política, a expulsão e o expurgo dos adversários do novo regime, quando não a capitulação de parte dos velhos dirigentes às determinações da camarilha estalinista.

As transformações conceituais e políticas do pensamento de Krupskaya

Krupskaya: acepções históricas e a práxis política de uma educadora revolucionária (1869-1939), por Cacau Pereira, Isabella Delcorso & Carlos Bauer

O pensamento de Krupskaya, nesse período da vida soviética, após a revolução de 1917, evolui do enfrentamento a algumas direções bolcheviques resistentes às reformas educacionais, em particular a ala dos sindicalistas do Partido, que defendiam a introdução da educação profissional o mais precocemente possível – dada as necessidades de formação de mão-de-obra para o desenvolvimento da indústria nacional – ao acatamento das diretrizes políticas e econômicas governamentais estabelecidas durante a consolidação do regime estalinista.

Seus trabalhos na esfera educacional soviética, em particular após a morte de Lenin (1924) e a consolidação do poder de Stalin vão gradativamente se adaptando às diretrizes governamentais.

Krupskaya, que adotara inicialmente uma posição crítica aos métodos do novo secretário geral e aproximara-se dos líderes da oposição de esquerda, mais adiante, abandona a crítica ao visível crescimento da burocracia no aparelho do Estado e no Partido.

A evolução desse posicionamento político acaba desaguando na defesa de medidas impopulares e autoritárias adotadas pelo governo, como a coletivização forçada da terra e o apoio aos camponeses ricos – *kulaks* – cujas implicações foram a eliminação e o expurgo de milhões de famílias de camponeses pobres do interior da União Soviética.

Já ao final da década de 1920, o fechamento do regime político levou a que vários dos principais aliados de Krupskaya na elaboração da política educacional e na construção da pedagogia socialista, dentre eles Pistrack e Pankevich, fossem assassinados pela polícia política soviética.

Lunacharsky afastou-se das atividades relacionadas à educação e, fora do país, cumpriu tarefas de representação diplomática.

Krupskaya viria ainda a assumir a redação de artigos que foram utilizados como instrumentos de propaganda e exaltação das conquistas soviéticas para as novas gerações, textos supostamente baseados na herança política de Marx e Lenin, mas que expressavam a defesa da doutrina do socialismo num só país e o abandono da perspectiva da revolução internacional.

Krupskaya encampa ainda a defesa do movimento estackanovista (movimento de

estímulo à produtividade, cujo aumento seria resultado da vontade individual do operário). Tudo isso ocorre já em meio aos processos de Moscou (1936-1938) que resultaram na condenação e morte do restante da velha guarda dos dirigentes bolcheviques.

A repercussão da obra de Krupskaya no Brasil

Na história do Brasil contemporâneo localizamos, nas propostas curriculares das escolas itinerantes do Movimento dos Trabalhadores Rurais Sem Terra (MST), um conjunto significativo de manifestações da presença da pedagogia socialista entre nós.

Em sua essência essas iniciativas têm como objetivo resgatar as experiências escolares efetivadas pela classe trabalhadora, mormente, aquelas gestadas e desenvolvidas pela revolução russa, que produziram a chamada escola do trabalho, fundamentados na herança intelectual de Karl Marx e de alguns dos seus mais diletos discípulos, como é o caso de Nadezhda Konstantinovna Krupskaya.

Desde a sua fundação em 1984, a questão da educação e o trabalho como princípio educativo tem norteado a intervenção política deste expressivo movimento social, articulados com suas premissas de emancipação e formação humana integral, se materializam com a criação de inúmeras escolas de caráter itinerante que almejam oferecer o acesso à educação básica as crianças, jovens e adultos que vivem nos acampamentos e nos assentamentos que organiza, estimulando as relações de sociabilidade e de solidariedade entre os seus adeptos.

Com isso, também, valorizam o instrutivo relacionamento entre o trabalho e o ensino articulados indissoluvelmente com as tarefas políticas que realizam, assumindo publicamente que a

[...] **Educação é uma das áreas prioritárias de atuação do MST, que desde a sua origem desenvolveu processos educativos e incluiu como prioridade a luta pela universalização do direito à escola pública de qualidade social, da infância à universidade. Entendendo que o acesso e permanência é fundamental para inserir toda** a base social na construção de um novo projeto do campo e pelas transformações socialistas. Nesse sentido, o MST busca construir coletivamente um conjunto de práticas educativas na direção de um projeto social emancipatório, protagonizado pelos trabalhadores e trabalhadoras. A construção de uma escola ligada à vida das pessoas, que torne o trabalho socialmente produtivo, a luta social, a organização coletiva, a cultura e a história como matrizes organizadoras do ambiente educativo escolar, com a participação da comunidade e auto-organização dos educandos e educandas, e dos educadores e educadoras. A Escola Itinerante foi criada no âmbito do Movimento Sem Terra, para garantir o direito à educação das crianças, adolescentes, jovens e adultos em situação de itinerância, enquanto estão acampados, lutando pela desapropriação das terras improdutivas e implantação do assentamento. É uma escola que está voltada para toda a população acampada, o barraco da escola itinerante, é construído antes do barraco de moradia e tem também a função de se converter em um centro de encontros de toda comunidade acampada. (MST, 2021)

De fato, desde o início do século XXI foram criadas dezenas de escolas e milhares de crianças da educação infantil, do ensino fundamental, jovens do ensino médio e adultos puderam se matricular, exercitar o pensamento crítico e valorizar o seu direito inalienável ao usufruto dos conhecimentos socialmente produzidos e ensinados no universo escolarizado. (SANCHES, NERY, BAUER, 2017)

No que diz as relações as relações de ensino e aprendizagem, são estabelecidos temas geradores que procuram estimular uma maneira crítica de pensar e estar o mundo, não desconsiderando a realidade imediata, com as dimensões regionais, nacionais e internacionais que estão articuladas, de forma desigual, mas, combinadas com a localidade em que se vive.

A proposta pedagógica dos complexos do MST procurou se inspirar em experiências históricas desenvolvidas na URSS, no calor da hora da revolução socialista, mas, não de forma meramente mecânica e descontextualizada.

Pelo contrário, o conjunto de conhecimentos que são desvelados pelos estudantes em sintonia com o trabalho professoral, procurando estabelecer o diálogo crítico com uma gama diversificada de áreas do conhecimento científico e das artes, da filosofia e da música, da literatura, do cinema e das práticas da educação física estão em sintonia com a identidade do movimento, do significado e da valorização de sua presença estratégica na luta pelas transformações estruturais na realidade brasileira.

Na definição de alguns dos mais destacados artífices e colaboradores educacionais do MST,

O complexo é uma unidade curricular do plano de estudos, multifacetada, que eleva a compreensão do estudante a partir de sua exercitação em uma porção da realidade plena de significações para ele. Por isso, o complexo é indicado a partir de uma pesquisa anteriormente feita na própria realidade das escolas itinerantes. É uma exercitação teórico-prática que acontece na realidade existente no mundo do estudante, vivenciada regularmente por ele em sua materialidade cotidiana e que agora precisa ter sua compreensão teórica elevada. (FREITAS, CALDART, SAPELLI, 2013, p. 31).

No processo de desenvolvimento de sua escolarização, alicerçada na Pedagogia dos Complexos, os estudantes são incentivados em sua auto-organização, subvertendo em sua práxis com as formas tradicionais de poder em que, na sala de aula, o professor é a única e exclusiva autoridade existente.

Como se pode perceber, não é nada fácil o aprendizado da tomada de decisões coletivas, o exercício permanente e ininterrupto da gestão democrática, do trabalho desalienado e inspirado em práticas associativistas e de cooperação mútua.

Porém, é possível vislumbrar, na cotidianidade das Escolas Itinerantes do MST, a formação de "seres humanos que sejam capazes e queiram assumir-se como lutadores, continuando as lutas sociais de que são herdeiros, e construtores de novas relações sociais, a começar pelos acampamentos e assentamentos onde vivem e que são desafiados a tornar espaços de vida humana criadora". (FREITAS, CALDART, SAPELLI (2013, p. 11)

Krupskaya: acepções históricas e a práxis política de uma educadora revolucionária (1869-1939), por Cacau Pereira, Isabella Delcorso & Carlos Bauer

Considerações finais

Krupskaya: acepções históricas e a práxis política de uma educadora revolucionária (1869-1939), por Cacau Pereira, Isabella Delcorso & Carlos Bauer

Ao longo deste estudo procuramos contextualizar e refletir sobre a contribuição da educadora e revolucionária russa Nadezhda Konstantinovna Krupskaya (1869-1939) na história da educação e o seu papel revolucionário na construção da proposta de uma pedagogia socialista.

Entre 1917 e 1933, após a tomada do poder pelos bolcheviques na Rússia, Krupskaya ocupa cargos no Ministério da Educação (*Narkompros*) e na Seção Pedagógica da Comissão Científica Estatal.

Sua proposta se baseia numa crítica ideológica ao papel da escola como instrumento de educação de massas pelas classes dominantes, capitalistas, e o papel da educação numa futura sociedade sem classes.

Trouxemos à tona os seus esforços na transição da escola de ensino eivada dos valores burgueses para uma escola do trabalho e socialista em busca de educação integral e desprovida da alienação.

Suas propostas inspiram experiências de movimentos sociais de trabalhadores, como o Movimento dos Trabalhadores Rurais Sem Terra (MST) no Brasil. Buscamos compreender os avanços e os limites dessa pioneira iniciativa pedagógica, que superou séculos de opressão, erradicou o analfabetismo e possibilitou o acesso da população à educação.

O estudo da obra de Krupskaya demonstra uma rica experiência teórica, programática, histórica e concreta da pensadora e seu papel dirigente, dentre outros, na implantação da pedagogia socialista na nascente república soviética, em particular nos seus primeiros anos, até a usurpação do poder por uma casta burocrática, cujos interesses iriam de encontro aos interesses da maioria do povo e levariam ao sufocamento da experiência de auto-organização baseada no governo dos conselhos.

Nesse aspecto, caso estejamos comprometidos em impulsionar os movimentos sociais e valorizar as experiências históricas da classe trabalhadora, nos parece muito importante procurar entender os avanços, os limites e percalços dessa pioneira iniciativa pedagógica, que se deu em meio à luta pela consolidação de um governo operário e camponês nascido de uma revolução popular vitoriosa, experiência que possibilitou, naquele país continental, num curto espaço de tempo, avançar e superar o legado reacionário de séculos de opressão, erradicar o analfabetismo e ainda possibilitar o acesso de amplas parcelas da população à educação, à cultura, às artes, aos esportes e às ciências.

Krupskaya era, nas palavras de Lunacharsky "a alma do Narkompros". Tinha especial preocupação em escrever de maneira simples e accessível à maioria das pessoas.

A educadora e revolucionária russa, não tinha vocação para funções administrativas. Pensava a escola pelo viés de sua vocação política, de ser a expressão de uma futura sociedade sem divisão em classes sociais, de contribuir na formação de um novo ser humano, no curso do desenvolvimento de uma nova sociedade.

Essa nova sociedade exigia uma nova escola, uma escola destinada a formar lutadores e construtores do futuro descortinado pela revolução russa de 1917.

A transição da escola de ensino burguesa para uma escola de trabalho, socialista, e a concepção politecnicista da educação são os dois eixos ordenadores fundamentais da elaboração pedagógica de Krupskaya.

Suas elaborações inspiram experiências de movimentos sociais de trabalhadores que nutrem grandes expectativas com a questão educacional e questionam a educação como mera reprodutora da sociedade burguesa, dentre eles o Movimento dos Trabalhadores Rurais Sem Terra (MST), um dos principais idealizadores da Escola Nacional Florestan Fernandes e da construção de mais de 2.000

escolas itinerantes espalhadas por todas regiões do território brasileiro.

Krupskaya: acepções históricas e a práxis política de uma educadora revolucionária (1869-1939), por Cacau Pereira, Isabella Delcorso & Carlos Bauer

Referências

Krupskaya: acepções históricas e a práxis política de uma educadora revolucionária (1869-1939), por Cacau Pereira, Isabella Delcorso & Carlos Bauer

BROUÉ, P. O Partido Bolchevique. São Paulo: Sundermann, 2014.

FERREIRA JR., A. e BITTAR, M. Ativismo pedagógico e princípios da escola do trabalho nos primeiros tempos da educação soviética. Revista Brasileira de Educação, v. 20, n. 61, 2015.

FREIITAS, Luiz Carlos; CALDART, Roseli Salete; SAPELLI, Marlene Lucia Siebert. (Org.). Plano de Estudos da Escola Itinerante. Cascavel: Edunioste, 2013.

KRUPSKAYA, N. K. A construção da pedagogia socialista. São Paulo: Expressão Popular, 2017.

LODI, Samantha. Nadezhda Krupskaia: uma estrela vermelha. Uberlândia: Navegando publicações, 2018.

LUCENA, Carlos; FRANÇA, Robson; PREVITALI, Fabiani; LIMA, Antônio; OMENA, A. Pistrack e Marx: os fundamentos da educação russa. Revista HISTEDBR On-line, Campinas, número especial, p. 271-282, abril/2011.

MST. Educação MST. Disponível em: < https://mst.org.br/educacao/>. Acesso em: 07 de maio de 2021.

PISTRAK, M.M. Ensaios sobre a escola politécnica. São Paulo: Expressão Popular: 2015.

SANCHES, C.; NERY, J. E.; BAUER, C. História e internacionalismo da Escola Nacional Florestan Fernandes. São Paulo: Sundermann, 2017.

SHULGIN, V.N. Rumo ao politecnicismo. São Paulo: Expressão Popular: 2013.

SILVA, V. R. Uma mulher, a biblioteconomia e as bibliotecas soviéticas. Revista ECA USP: Múltiplos Olhares em Ciências da Informação, v. 2, n. 1, 2012.

TROTSKY, L. A história da revolução russa. São Paulo: Paz e Terra, 1977.

Autoria

Krupskaya: acepções históricas e a práxis política de uma educadora revolucionária (1869-1939), por Cacau Pereira, Isabella Delcorso & Carlos Bauer

Cacau Pereira

Sebastião Carlos Pereira Filho (Cacau Pereira) é advogado e Especialista em Direito Público pela Pontifícia Universidade Católica de Minas Gerais. Mestre em Educação pela Universidade Nove de Julho/SP, educador popular e autor de artigos educacionais, conferencista e membro do Instituto Brasileiro de Estudos Políticos e Sociais (Ibeps). Realizou estudos sobre a Confederação de Professores do Brasil (CPB) à Confederação Nacional dos Trabalhadores em Educação (CNTE): história da organização político-sindical dos trabalhadores em educação brasileiros (1983 a 1991).

E-mail: cacaupereirabh@gmail.com

Isabella Delcorso

Isabella Delcorso é apaixonada por História e encontrou as raízes da motivação para sua realização pessoal e profissional no curso de Magistério. Formada em História pela Pontifícia Universidade Católica de São Paulo (PUC-SP), com diversas especializações na área, hoje é Mestre e doutoranda em Educação pela Universidade Nove de Julho. Autora, entre outros, do livro História da educação na Internacional Comunista e, todos os dias luta por um mundo melhor, mais justo e sem medo, livre da opressão e da desigualdade social.

E-mail: isabelladelcorso@gmail.com

Carlos Bauer

Professor Titular da Diretoria de Educação e do Programa de Pós-Graduação em Educação (PPGE), da Universidade Nove de Julho (Uninove), Pesquisador de Produtividade do Conselho Nacional de Desenvolvimento Científico e Tecnológico (CNPq).

E-mail: professorcarlosbauer@gmail.com

Krupskaya: acepções históricas e a práxis política de uma educadora revolucionária (1869-1939), por Cacau Pereira, Isabella Delcorso & Carlos Bauer

Krupskaya: acepções históricas e a práxis política de uma educadora revolucionária (1869-1939), por Cacau Pereira, Isabella Delcorso & Carlos Bauer

Financiamento

Publicação realizada com o apoio do Conselho Nacional de Desenvolvimento Científico e Tecnológico (CNPq), conforme Processo: 302776/2019-2